JO HANNS RÖSLER

GÄNSEBRATEN
UND ANDERE GESCHICHTEN

GW00724565

GEKÜRZT UND VEREINFACHT
FÜR SCHULE UND SELBSTSTUDIUM

Diese Ausgabe, deren Wortschatz nur die
gebräuchlichsten deutschen Wörter umfasst,
wurde gekürzt und in der Struktur vereinfacht und ist damit den Ansprüchen des
Deutschlernenden auf einer frühen Stufe
angepasst.

**Dieses Werk folgt der
reformierten Rechtschreibung
und Zeichensetzung**

HERAUSGEBER:
Ulla Malmmose
Bearbeitet von Stefan Freund

Umschlagentwurf: Mette Plesner

Umschlag: Per Illum
Illustrationen: Per Illum

Die Erzählungen stammen aus dem Band:
Jo Hanns Rösler WOHIN SIND ALL' DIE JAHRE
ISBN Dänemark 978-87-23-90250-4
www.easyreaders.eu
The CEFR levels stated on the back of the book
are approximate levels.

Easy Readers

EGMONT

Gedruckt in Dänemark von
Sangill Grafisk, Holme Olstrup

JO HANNS RÖSLER
(1899-1966)

Jo Hanns Rösler wurde am 7. April 1899 in König-
stein an der Elbe geboren. Er besuchte das Gymna-
sium in Dresden, mit dem Ziel Theologie zu studie-
ren. Als er aber aus dem ersten Weltkrieg zurück-
kam, begann er sofort mit seiner schriftstelleri-
schen Tätigkeit. Er heiratete eine Wiener Schau-
spielerin namens Kitty und lebte mit ihr in Paris,
Berlin, Wien und auf Mallorca, bis er im Jahre
1935 seinen Berghof Überfeilnbach erwarb. Jo
Hanns Rösler lebte sehr zurückgezogen mit seiner
Familie auf seinem Berghof, 1000 Meter hoch.

Sein Bühnenstück „Philine" ging über alle
Bühnen und wurde zweimal verfilmt. Jo Hanns
Rösler gehört mit seinen heiteren Geschichten zu
den beliebtesten Rundfunkautoren.

ANDERE WERKE DES AUTORS

Liebesbrief an die eigene Frau, 1954. *Adam in Evas
Garten, Vergnügliche Geschichten einer Ehe*, 1958.
Meine Frau und ich, 1964. *Wohin sind all' die Tage*,
1965. *Der unvollkommene Gärtner*, 1967. *Mein Haus
und ich*, o. J… *An meine Mutter und viele andere
Mütter und Väter*, 1968. *Wohin sind all' die Stunden,
Letzte Kurzgeschichten*, 1970.

INHALT

GÄNSEBRATEN

klingeln

der Brief

Paul und Pauline tranken ihren Kaffee.

Da *klingelte* es.

„Die Post!"

Minna war ins Zimmer gekommen und brachte die Morgenpost. Es war nur ein *Brief.* ₅ Er war an Pauline. Also öffnete ihn der Mann.

„Wer schreibt denn?", fragte Pauline.

„Wer denkst du denn, wer schreibt?"

„Wer soll uns schon schreiben?"

Der Mann legte den Brief auf den Tisch. ₁₀

„Hannemanns schreiben", sagte er.

„Hannemanns? Welche Hannemanns?"

„Hannemanns aus Halle! Die wir in den Sommerferien kennen gelernt haben."

---

der Gänsebraten, siehe Zeichnung auf Seite 10
der Morgen, der Mittag, der Abend, die Nacht, die Tageszeiten

„So? Leben die auch noch? Was schreiben sie denn?"

„Sie wollen uns morgen *besuchen*. Zum Abendessen."

5 „Sollen sie kommen!"

„Was heißt das: sollen sie kommen", *schimpfte* Paul, „warum kommen sie denn? Was wollen sie denn? Sich einen *billigen* Abend machen, sich voll essen für mein Geld,
10 das wollen sie! Das sind so deine Freunde!"

„Wieso meine Freunde? Du kennst sie doch genauso gut wie ich."

„Wer hat denn zuerst mit der Frau gesprochen?"

15 „Ich. Aber nur, weil du den Mann kanntest."

„Weil ich den Mann kenne, musst du noch lange nicht gleich mit der ganzen Familie gut Freund sein. Bald befreundest du dich noch mit der Frau von dem Mann, der mich auf der
20 Straße um Feuer für seine Zigarette bittet, und sagst, sie sollen bei uns *frühstücken*. Häng doch gleich eine Tafel vor das Haus: ‚Freies Mittagessen für alle! Mein Mann bezahlt!' – Aber jetzt hast du falsch gedacht, Pauline! Du

---

besuchen, zu jemandem in die Wohnung kommen
schimpfen, laut und böse sprechen
billig, nicht teuer
frühstücken, morgens essen

kriegst keinen Pfennig von mir. Sieh zu, wie du deinen *Gästen* etwas zu essen machst!"

Pauline *weinte* noch ein wenig in ihre Tasse. Dann ging sie in die *Küche*.

„Minna!", rief sie. – „Bitte?"

„Wir bekommen morgen Abend Gäste. Haben Sie noch Geld?" Minna antwortete wie alle Frauen in solchen Lagen: „Nein, nur noch ein paar *Mark*."

der Pfennig

die Mark

weinen

„Dann müssen wir etwas Einfaches kochen. Für jeden zwei Paar warme *Würstchen*. Ich werde vor dem Essen erzählen, dass es Gänsebraten gibt. Bevor Sie jetzt die Würstchen bringen, lassen Sie einen *Teller* laut fallen, schreien auf, ich komme in die Küche und wir tun, als ob uns der Gänsebraten in den *Kohlenkasten* gefallen ist. Dann bringen Sie einfach die gekochten warmen Würstchen. Haben Sie mich verstanden?"

---

kriegen, bekommen
der Gast, einer, der jemanden besucht
die Küche, das Würstchen, der Teller, der Kohlenkasten, siehe Zeichnung auf Seite 10

die Küche

der Teller

das Würstchen

der Kohlenkasten

der Gänsebraten

10

„Natürlich, Frau Flemming!", lachte Minna. Die Sache fand sie sehr gut.

„Die Familie Hannemann ist da!", rief Minna am nächsten Abend.

Paul und Pauline kamen schnell. 5

„Das ist aber *nett*," sagte Paul und gab beiden die Hand, „wir haben *uns* sehr *gefreut*, als Ihr Brief kam." Hannemann nahm drei sehr kleine *Blumen* aus dem Papier.

„Bitte schön!" 10

„Aber das brauchten Sie doch wirklich nicht zu tun", antwortete Pauline und stellte die Blumen in die *Vase*, die schon dafür da stand. „Sie werden sicher großen Hunger haben. Darf ich gleich zu Tisch bitten?" 15

die Blume
die Vase
die Serviette

---

nett, freundlich
sich freuen, froh sein

11

Hannemanns ließen sich das nicht zweimal sagen. Sie gingen schnell in das Esszimmer, wo der gedeckte Tisch stand. Pauline stellte die Blumen in die Mitte.

5 „Sie haben sich doch nicht zu viel Arbeit gemacht?", meinte Herr Hannemann.

„Aber nein! Aber nein!"

„Das ist aber gut!"

„Wir haben nur eine Gans", sagte Pauline.

10 „Siehst du, Erich!", sagte da Frau Hannemann und sah sehr froh aus, „Was habe ich gesagt? Wir bekommen hier sicher was Gutes zu essen! Vielleicht eine Gans. Es ist ja jetzt die Zeit der Gänse!"

15 „Da bin ich aber froh, dass Sie Gans mögen." Dies sprach Pauline und klingelte dem Mädchen.

Jetzt musste es ja geschehen.

Minna, das Mädchen, stand in der Küche.
20 Weit und breit kein Gänsebraten. Aber sie hielt in der Hand einen Teller mit acht Paar gekochten Würstchen, in der anderen Hand aber einen leeren Teller, den sie in den Kohlenkasten fallen lassen wollte. Da klingelte es.
25 Im Esszimmer nahm man die *Servietten* in

---

die Serviette, siehe Zeichnung auf Seite 11

die Hand. Pauline klingelte nochmals. Da hörte man aus der Küche einen Teller herunterfallen. Eine Frauenstimme schrie auf.

„Ach du lieber Himmel! Die Gans", sprang Pauline auf und lief schnell in die Küche und noch im Zimmer rief sie: „Minna, Minna! Was haben Sie denn gemacht. Was ist Ihnen denn heruntergefallen? Sicher die gute Gans, was?"

Minna weinte und schrie in der Küche, wie man ihr gesagt hatte.

„Das ist aber dumm", sagte Pauline zu Hannemanns. Jetzt haben wir nichts mehr zu essen. Nur ein paar warme Würstcshen. Nein, so was Dummes, Minna! Kommen Sie sofort herein."

Minna kam langsam weinend durch die Tür. Pauline freute sich über das gute Mädchen.

„Was haben Sie denn fallen lassen?", fragte sie böse. Minna weinte und gab keine Antwort.

„Sie haben doch etwas fallen lassen?"

„Ja", weinte Minna.

„Wohin?"

„In den Kohlenkasten."

„Die gute Gans, was?"

Da weinte Minna immer lauter und sagte: „Nein. Die Würstchen."

FRAGEN

1. Wer hatte geschrieben?

2. Woher kannten sie Hannemanns?

3. Warum bekommt Pauline kein Geld für das Essen?

4. Was glauben Hannemanns, was es zu essen gibt?

5. Was soll Minna rufen, bevor sie die warmen Würstchen bringt?

6. Was geschieht mit den Würstchen?

DER MANN MIT DEN HUNDERT *TRICKS*

das Varietee

Die Lichter im großen *Varietee* gingen aus. Die letzten Arbeiter verließen das Varietee. Der *Hauswart* schloss hinter ihnen ab und ging langsam zu der letzten offenen Tür. Im Dunkeln stand ein Mann. Er trug einen grauen Mantel 5 und hatte einen grauen Hut auf dem Kopf.

„Ist Mister Zarini noch da?", fragte er.

„Der Mann mit den hundert Tricks?"

„Ja."

„Ich werde nachsehen." 10

Zarini, der Mann mit den hundert Tricks, schloss seine große Tasche gut ab. Von unten

---

der Trick, der Kunstgriff
der Hauswart, jemand, der auf das Haus aufpasst

15

rief der Hauswart: „Mister Zarini, draußen wartet ein Herr."

„Hat er seinen Namen gesagt?"

„Nein."

5 „Sagen Sie ihm, er soll kommen."

Der Herr im grauen Mantel kam ins Zimmer.

„Ich heiße Burger", sagte er.

„Der *Juwelier*?"

„Sie kennen mich?"

10 „Ich möchte gern bei Ihnen kaufen, aber ich habe nicht so viel Geld."

„Das werden Sie bald haben."

„Nanu?", sagte Zarini fragend.

„Ich gebe Ihnen fünftausend."

15 „Mensch! Wofür?"

„Für einen Ihrer hundert Tricks."

„Nicht gerade wenig."

„Nicht wahr?"

das Geschäft

der Juwelier

das Kollier

die Schatulle

16

„Und wo soll ich den Trick zeigen?"
„Morgen. Bei mir. Wollen Sie?"
Zarini sagte:
„Ja. Wir werden morgen darüber reden. Ich komme zu Ihnen ins *Geschäft*." 5

Am nächsten Morgen: der Juwelier und Zarini sprachen schon über eine Stunde *miteinander*.
Der Juwelier sagte:
„Ich verstehe nicht, warum Sie nicht ‚Ja' sagen!" 10
„Dann werde ich ja ein *Betrüger*!"
„Denken Sie an die Fünftausend!"
„Und wie viel kostet das *Kollier*?"
„Vierzigtausend!"
„Dabei verdienen Sie nicht schlecht!" 15
„Sie aber auch nicht, Herr Zarini!", sagte der Juwelier, „wie oft haben Sie diesen Trick schon im Varietee gezeigt! Sie haben weiter nichts zu tun, als das Kollier vor den Augen des Fräuleins von Hohenstein in die *Schatulle* 20 zu legen und es dabei *verschwinden* zu lassen."
„Und wenn sie zu Hause bemerkt, dass das Kollier weg ist?"

---

miteinander, zusammen
der Betrüger, ein schlechter Mensch
verschwinden, wegkommen

Der Juwelier lachte:

„Wenn das Kollier unterwegs wegkommt, haben wir nichts damit zu tun."

Eine Stunde später kam das Fräulein von Hohenstein in Burgers Juweliergeschäft. Ein junger Herr war dabei. Der Juwelier öffnete den schweren *Tresor*.

der Tresor

„Sie werden es sicher mögen!"

„Kann ich das Kollier sehen?"

„Hier ist es."

Das Kollier war wirklich schön. Der Juwelier zeigte auf Zarini, der neben ihm stand.

„Mein Geschäftsfreund. Er brachte es mir gestern aus London."

„Der Preis?"

„Vierzigtausend."

Sie sprach mit dem jungen Herrn. Er öffnete eine Tasche und legte die Vierzigtausend auf den Tisch. Zarini nahm das Kollier in die Hand und legte es in die Schatulle.

„Sehen Sie selbst, dass das Kollier darin liegt, Fräulein", sagte er, „man kann nicht genug aufpassen. Es geschehen oft *merkwürdige* Dinge."

Dann schloss er die Schatulle und gab sie dem Fräulein.

„Das haben Sie wirklich gut gemacht, Zarini!" 5

„Ich zeige den Trick jeden Abend im Varietee!"

„Ich habe Sie genau beobachtet und nichts bemerkt! Angenommen, das Kollier ist jetzt gar nicht mehr in meiner Hand –" 10

„Darf ich bitten?"

„Was soll das? Warum nehmen Sie mir das Kollier weg?"

„Erst mein Geld!"

Der Juwelier legte fünftausend auf den 15 Tisch. Zarini nahm das Geld.

„Ich lege jetzt das Kollier in Ihren Tresor."

„Sehen Sie selbst, ob es darin liegt."

Das Kollier lag im Tresor. Zarini schloss die Tür und gab dem Juwelier den *Schlüssel*. 20

der Schlüssel

---

merkwürdig, nicht gewöhnlich

Zarini rief ein *Taxi*, sagte „Auf Wiedersehen"
und fuhr ab. Der Juwelier sah Zarini nach, ging
dann zum Tresor und öffnete ihn. Das Kollier
war weg. An seiner Stelle lag ein Brief:

5   Ich *hoffe*, dass Ihnen meine Tricks *gefallen*
haben. Ich gebe gern zu, dass Sie viel bezahlt
haben. Aber denken Sie bitte daran, dass ich
einen meiner großen Tricks gleich zweimal
zeigte – zuerst vor dem Fräulein von Hohen-
10 stein und dann vor Ihrem Tresor. Das Kollier
bringe ich in dieser Minute dem Fräulein
zurück. Denn ich möchte nicht, dass Sie einen
so guten *Kunden* verlieren, der Ihnen sicher
oft *ermöglicht* mich im Theater zu sehen.

15   Der Mann mit den hundert Tricks."

das Taxi

---

hoffen, wünschen
gefallen, angenehm sein
der Kunde, jemand, der etwas kauft
ermöglichen, wirklich machen

20

FRAGEN

1. Wo arbeitet Zarini?

2. Wie nennt man Zarini?

3. Wer ist Herr Burger?

4. Was bespricht er mit Zarini?

5. Wie oft zeigt Zarini seinen Trick beim Juwelier?

6. Was steht in dem Brief, der an Stelle des Kolliers im Tresor liegt?

DIE GRÜNE *TAPETE*

Eine Frau erzählt ...
   Über mir ist eine Wohnung frei.
   Das heißt: noch nicht ganz.
   Die Frau ist gestern *gestorben*. Sechzig. Der
5 Mann lebt noch. Siebzig.
   Wie lange noch? Mit siebzig?
   Sicher wird er die Wohnung aufgeben und
in ein *Altersheim* ziehen.

Ich gehe zu ihm hin.
10 Will wissen, was er vorhat.
   Ob seine Wohnung frei wird.
   Ich sitze mit meinem Mann und meinen
beiden Kindern in einer kleinen *Kellerwoh-
nung*.
15 „Warten Sie, bis eine Wohnung im Hause
frei wird", hat der Hausherr zu mir gesagt, „das
kann ganz plötzlich kommen."
   Dann starb die Frau.
   Ich sage zu dem *Witwer*:

---

die Tapete, siehe Zeichnung auf Seite 24
gestorben, tot sein
das Altersheim, ein Haus, in dem nur alte Menschen wohnen
der Keller, ein Raum unter der Erde
der Witwer, ein Mann, dessen Frau gestorben ist

„In einem Altersheim wohnen Sie schöner."

„Ich bleibe in meiner alten Wohnung."

„Wenn Sie krank werden?"

„Junge Frau, ich werde hundert."

„In dieser Wohnung?" ₅

„Die Wohnung ist gesund, *luftig* und sonnig."

„Ich weiß es." Das ist ja der Grund, warum ich sie haben will.

Für meinen Mann und die Kinder.

Der Hausherr sagt, ich werde die Wohnung 10 bekommen, sobald der alte Mann aus der Wohnung heraus ist.

„Wir können schon heute die Wohnung *tapezieren* lassen", sage ich zu Abraham, meinem Mann, „wie lange wird der Alte schon 15 noch leben, dann haben wir gleich die neuen Tapeten, wenn wir einziehen."

Ich habe tapezieren gelernt.

Früher, als ich noch ganz jung war.

Ich liebe schöne Tapeten. 20

Eines Tages bringe ich dem alten Mann das Tapetenbuch.

---

luftig, mit großen Fenstern
tapezieren, neue Tapeten anmachen

23

die Tapete

der Pinsel

die Rolle

24

Er findet sie sehr schön, vor allem die grüne.

„Sie sollen sie haben", sage ich.

„Für mich alten Mann ist die Wohnung gut genug, wie sie ist."

„Ein alter Mann muss *heiter* wohnen." 5

„Das ist nicht einfach."

„In einem Altersheim ist es sehr heiter."

„Ich bleibe hier", sagt er.

„Gut. Dann tapeziere ich Ihnen die Wohnung!" 10

„Umsonst?"

„Warum nicht? Man muss einander helfen in dieser Zeit!"

Zwei Tage später bin ich mit den Tapeten bei ihm. Zwölf *Rollen* und *Kleister*. 15

Ich habe ihm die grüne gebracht.

Ich stehe auf der Leiter.

Der alte Mann sitzt am Bett und sieht mir zu. Ab und zu nimmt er den Kleister*pinsel* und sagt: 20

„Warum tun Sie das alles für mich? Sie müssen ein guter Mensch sein."

---

heiter, froh
der Kleister, flüssiges Mittel, mit dem man die Tapete an der Wand festmacht

25

Das Zimmer ist fertig.

Es sieht jetzt mit den neuen Tapeten viel größer aus. Zwei Tage habe ich daran gearbeitet.

Der alte Mann gibt mir, bevor ich gehe, etwas in altem, schönem Papier. Es ist ein alter *Spiegel* seiner Frau.

der Spiegel   der Arzt

„Das ist für Sie", sagt er zu mir.

„Nein, ich bitte Sie, behalten Sie ihn!"

Er drückt mir zum zweiten Mal den Spiegel in die Hand und sagt:

„Es ist gut so."

Zwei Wochen später ist der alte Mann tot.

„Altersschwäche", sagt der *Arzt* und man legt den alten Mann neben das frische *Grab* seiner Frau.

das Grab

Der Hausherr sagte uns:

„Wenn Sie wollen, können Sie morgen früh einziehen."

Wir kommen nicht dazu.

Am nächsten Morgen ist die Wohnung 5 abgeschlossen. *Polizei* geht durch das Haus. Sie kommen auch zu mir herunter. „Haben Sie den alten Mann gekannt?" „Aber ja, sehr gut sogar. Erst vor kurzem hat er mir einen alten Spiegel von seiner Frau gegeben." 10

„Einen Spiegel? Dürfen wir ihn sehen?"

„Natürlich. Warum nicht? Hier ist er."

Sie nehmen den Spiegel mit.

Ich finde es höchst merkwürdig.

„Nur für einen Tag", sagen sie. 15

Mein Mann kommt am Abend nach Hause und erzählt mir, dass der alte Mann über uns wahrscheinlich nicht auf natürliche Art gestorben ist. Er hatte drei Tage bevor er starb der Polizei einen Brief geschrieben, worin 20 stand:

„Wenn ich bald sterben sollte, sehen Sie sich bitte den Kleister an, den ich hinter einen alten Spiegel gegeben habe. Ich kann

---

die Polizei, siehe Zeichnung auf Seite 28

einfach nicht glauben, dass ich zum ersten Mal in meinem Leben einen Menschen getroffen habe, der etwas für andere tut. Jemand wollte mir mein Leben schöner machen, wie er sagt. Ich glaub ihm nicht. Ich gab ihm einen alten Spiegel. Wenn der Mensch schlecht war, finden Sie hinter dem Spiegel den Kleister, mit dem er die neuen Tapeten meines Zimmers festmachte. Ich habe, ohne dass er es merkte, ein wenig davon auf die Seite gebracht. Wahrscheinlich ist *Gift* darin ... jeden Morgen liegen in meinem Zimmer ein paar tote *Fliegen*."

die Polizei

die Fliege

---

das Gift, Stoff, der für den Körper tödlich ist

FRAGEN

1. Was möchte die Frau gern haben?

2. Wo wohnt sie?

3. Wohin soll der alte Mann ziehen?

4. Warum tapeziert die Frau?

5. Was gibt der alte Mann der Frau?

6. Warum hat die Polizei die Wohnung abgeschlossen?

7. Was schreibt der alte Mann in seinem Brief?

ZWEI EIER ZUM FRÜHSTÜCK

die Wurst

das Ei

der Zucker / der Honig

das Brötchen   die Marmelade

Genau um sieben kam Herr Hofbauer zu uns
zum Frühstück. Wir gaben ihm die Hand, sag-
ten „Guten Tag" und „Wie schön, dass Sie
endlich da sind." Dann setzten wir uns zum
5 Frühstück. Wir gaben ihm Kaffee zu trinken,
mit Milch, drei Stück *Zucker*, wir machten
ihm ein *Brötchen* und fragten: „Mit *Honig*? Mit
Marmelade?" Meine Frau kochte schnell zwei
weiche Eier für ihn, schnitt *Wurst* auf – wir
10 waren so froh ihn endlich bei uns zu haben. Er
wollte schon immer kommen. Neunmal hatte
er es gesagt, aber dann konnte er doch nicht
kommen. Jetzt war er endlich da und meine

ganze Familie tat alles, damit er sich wohl fühlen konnte. Ich *stellte* ihm meine Kinder *vor*, denen wir gesagt hatten, sehr freundlich zu Herrn Hofbauer zu sein. Nach der fünften Tasse Kaffee rauchten wir eine Zigarre und sprachen über dies und das. Nachdem wir unsere Zigarre langsam geraucht hatten, fragte Herr Hofbauer, wo er im Hause ein wenig helfen könnte. Das hörten wir gern. Die meisten Leute, die sonst kamen, wollten nur sitzen, essen, trinken und reden. Gewiss saß er auch und aß, trank und redete, aber dann fragte er von selbst, was er für uns tun könnte. Unser *Kamin* war zusammengebrochen. Das *Material* hatte ich schon im Hause.

„Wenn Sie etwas von Kaminen verstehen, können Sie – wenn Sie etwas für uns tun wollen – gleich anfangen", sagte ich.

Und jetzt geschah es: Herr Hofbauer zog die

der Kamin

---

vorstellen, bekannt machen
das Material, die Dinge, die man für eine Arbeit braucht

Jacke aus, rollte die *Ärmel* seines *Hemdes* hoch und ging an die Arbeit. Er verstand seine Sache gut. Er machte draußen den *Mörtel* an, goss ihn dann in *Eimer* und trug sie, einen
5 rechts und einen links, die zwei *Stockwerke* zu uns hinauf. Ja, sogar mit den *Backsteinen* kann-

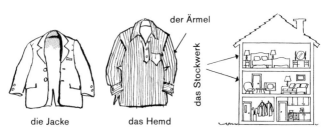

die Jacke   das Hemd   der Ärmel   das Stockwerk

te er sich aus. Er trug die alten hinunter, holte neue herauf, schlug den alten, die noch zu gebrauchen waren, den Mörtel herunter. Er
10 verstand wirklich etwas von seiner Arbeit. Ich brachte Herrn Hofbauer Bier und ein gutes zweites Frühstück. Ich gab ihm eine Zigarette und Feuer. Ich holte ihm aus seiner Jacke das *Taschentuch*. Ich öffnete das Fenster, wenn es
15 ihm zu warm wurde und ich schloss es wieder,

das Taschentuch

---

der Mörtel, Material, mit dem man Steine zu einer Mauer verbindet
der Eimer, der Backstein, siehe Zeichnung auf Seite 34

wenn es ihm zu kalt wurde. Ein Mann, der so
für mich arbeitete, sollte erkennen, wie *dankbar* ich ihm war, dass er für mich Steine trug
und Mörtel anmachte. Als wir zu Tisch gin-
gen, ließ ich ihm schnell in unserem *Bade*zim- ₅
mer Wasser ein, legte ein neues Stück *Seife*
daneben, ein frisches Badetuch und bei Tisch
bekam er natürlich den besten Platz und das
größte Stück *Fleisch* auf den Teller.

die Seife

Nach dem Essen fragte ich: „Möchten Sie sich ₁₀
erst einmal hinlegen und ein wenig schlafen?"

„Nein", sagte er, „jetzt, wo ich begonnen
habe, mache ich den Kamin auch fertig. Ich
weiß, Sie freuen sich auch darüber, wenn er
fertig ist und ich tue es ja gerne." ₁₅

So einer kann jeden Tag zu uns kommen. Es
war nicht zu fassen, worauf er sich verstand.
Ich kann das nicht, aber er; alles mit *Lotschnur*
und *Wasserwaage*, auch wie er mit dem Mörtel
arbeitete ohne alles *schmutzig* zu machen: Ich ₂₀

---

dankbar, gerne danken wollen
das Bad, das Zimmer, in dem man sich wäscht
das Fleisch, die essbaren Teile des tierischen Körpers
die Lotschnur, die Wasserwaage, siehe Zeichnung auf Seite 34
schmutzig, dreckig

bekam die höchste Achtung vor ihm. Über Nacht blieb er nicht bei uns. Es war auch kein Bett frei, aber als er ging, dankten wir ihm vielmals, brachten ihn zu seinem Wagen und
5 sahen ihm noch lange nach.

Ihr glaubt, es ist Besuch gewesen, ein lieber Gast, weil wir ihn gar so *verwöhnten*. Wenn ich das so erzählt habe, obwohl jedes Wort wahr ist, muss ich schnell etwas erklären: Herr
10 Hofbauer war ein *Maurer* für dreiundzwanzig Mark achtzig die Stunde. Ich hatte ihn vor einem halben Jahr *bestellt*.

der Maurer die Lotschnur

der Eimer die Wasserwaage der Backstein

---

verwöhnen, sehr gut zu jemandem sein
bestellen, bitten zu kommen

FRAGEN

1. Wann kommt Herr Hofbauer?

2. Was bekommt er zu essen?

3. Was wollte er mit dem Kamin machen?

4. Wie machte er das?

5. Wer ist Herr Hofbauer?

ES KLINGELT AN DER TÜR

Die Kinder waren noch nicht nach Hause gekommen und Herr Massing *schmückte* den *Weihnachts*baum. Es war ein kleiner Baum, denn die Wohnung war nicht sehr groß – zwei Zimmer und Küche. Da klingelte es an der Tür.

„Machst du auf, Anna?", rief er hinaus.

„Ich bin schon da."

Im nächsten Augenblick kam seine Frau ins Zimmer. Sie brauchte ein wenig Zeit, bevor sie sprechen konnte.

„Eduard! Ein Mann mit einem Weihnachts-*geschenk* ist an der Tür."

„Ein Weihnachtsgeschenk? Von wem?"

„Er weiß es nicht."

„Führ ihn herein!"

„Er ist nicht allein."

„Dann bitte beide herein", sagte Herr Massing. Er hätte es nicht sagen sollen.

Ein Mann im Mantel trat ein. Mit ihm ein *riesiger Hund*. Wenn er den Kopf hob, konnte

---

schmücken, mit schönen Dingen behängen
Weihnachten, der 25. Dezember
das Geschenk, das, was man jemandem gibt, um ihm eine Freude zu machen
riesig, sehr groß

der Hund

der Schwanz

er aus dem Fenster sehen. Die Tür ging kaum hinter ihm zu, so groß war er.

„Frohe Weihnachten!", sagte der Mann, der den Hund führte. „Bin ich hier recht bei Herrn Massing?" 5

Herr Massing sagte: „Ja." Er war böse auf den Hund und fürchtete für seinen Weihnachtsbaum.

„Ich soll Ihnen ein Weihnachtsgeschenk bringen", sagte der Mann. 10

„Danke schön. Aber können Sie den Hund nicht vor dem Haus lassen?"

„Das geht leider nicht."

„Warum nicht?"

„Er ist das Weihnachtsgeschenk." 15

„Wie bitte?"

„Jemand schickt Ihnen als Weihnachtsgeschenk den Hund."

„Das nenne ich ein Geschenk", schimpfte Herr Massing und sah den riesigen Hund böse an. Der Hund verstand es falsch und bewegte den *Schwanz* hin und her. Die Vase auf dem Tisch und der Weihnachtsbaum fielen fast zu Boden.

„Mir schickt jemand einen Hund? Wer, ich bitte Sie?"

„Er hat seinen Namen nicht gesagt. Er hat mir nur gesagt, ich soll den Hund mit den besten Wünschen bei Ihnen abgeben."

Herr Massing schimpfte: „Das kann ja nicht wahr sein. Ich nehme das Geschenk nicht an. Was mache ich mit einem so großen Hund in der kleinen Wohnung?"

„Und was er isst!", sagte die Frau.

Der Mann sah sich um.

„Sie haben doch Kinder. Vielleicht ist der Hund für die Kinder gedacht. Ihre Kinder werden sich sicher freuen."

„Die Kinder?", rief Herr Massing. „Sie können gleich kommen! Und wenn sie den Hund sehen, werden sie ihn nie mehr hergeben."

Jetzt musste schnell etwas geschehen. Herr Massing ging auf den Mann zu und rief:

„Nehmen Sie ihn wieder mit! Ich behalte ihn nicht. Bringen Sie ihn zurück. So eine

---

der Schwanz, siehe Zeichnung auf Seite 37

Idee, mir einen Hund ins Haus zu schicken!"

„Ich weiß nicht, wo er wohnt."

„Dann behalten Sie ihn. Ich schenke ihn Ihnen. Das ist ein schöner Hund. Was soll ich mit dem Riesenhund in unserer kleinen Woh- 5 nung?"

„Meine Wohnung ist auch sehr klein", sag- te der Mann. „Es kostet zu viel, so einen Hund zu halten. Das kann ich nicht."

„Dann geben Sie den Hund weiter! Jetzt zu 10 Weihnachten! Ihre Freunde werden froh sein."

„Nein", sagte der andere, „wer nimmt einen so großen Hund? Das tut doch kein Mensch."

Der Hund, der sich hingelegt hatte, stand plötzlich auf. Dabei fiel der Tisch um. 15

„Lieber, guter Mann!", rief jetzt Herr Massing. „Sie können von mir haben, was Sie wollen, nur nehmen Sie den Hund wieder mit. Sie haben ja Ihr Geld vom *Spender* schon bekom- men, aber ich gebe Ihnen fünfmal so viel, 20 wenn Sie den Hund wieder mitnehmen."

Der Mann im Mantel sagte:

„Der Spender hat mir aber viel Geld gege- ben."

„Gut. Ich gebe Ihnen noch mehr. Da, sehen 25 Sie, das ist für Sie – "

---

der Spender, jemand, der ein Geschenk gibt

Er nahm schnell einen großen Geldschein aus der Tasche und gab ihn dem Mann.

„Nehmen Sie ihn und dann nichts wie raus, Sie und der Hund!"

5 „Lieber alter, guter Keschan!", sagte der Mann im Mantel zu dem Hund, als er ihn wieder auf die Straße führte. „Ich weiß, das ist ein dummes Spiel, aber du weißt ja, wie sehr ich dich liebe, mein bester Freund. Aber die einzige
10 Möglichkeit dich zu behalten, ist, dich jedes Weihnachten viele Male zu verschiedenen Menschen als Weihnachtsgeschenk zu bringen. Nur so bekommen wir das *Futter*geld für das ganze Jahr zusammen und können noch
15 lange, lange zusammen bleiben ..."

FRAGEN

1. Was macht Herr Massing, als es klingelt?

2. Wer ist an der Tür?

3. Warum will Herr Massing den Hund nicht behalten?

4. Will der Herr im Mantel den Hund wirklich weggeben?

---

das Futter, das, was der Hund isst

WINTERKARTOFFELN

Ich kaufe lieber beim kleinen *Kaufmann* ein
als in den riesigen Geschäften. Beim alten 5
Gaunert in der Nebenstraße gab es Winterkar-
toffeln. Er hatte viele. Die Kartoffel*säcke* standen bis auf die Straße hinaus; ein Kartoffel-
sack neben dem anderen. Über dem Fenster
stand: 10
    „Heute noch Kartoffeln zum alten Preis!
Letzter Tag!"
    So kamen die Kunden.

„Was kosten die Kartoffeln?"
    „Wir verkaufen noch zum alten Preis." 15
    „Und das ist?"
    „Fünf *Pfund* 75 Pfennige."
    „Nur noch heute?"
    „Heute ist der letzte Tag."
    Die Kunden kamen und kauften sehr viel. 20
    Sie kauften für den ganzen Winter. Zum
alten Preis. Jeder wollte Kartoffeln haben.

---

der Winter, der Frühling, der Sommer, der Herbst, die vier Jahreszeiten
der Kaufmann, jemand, der kauft und verkauft
der Sack, siehe Zeichnung auf Seite 42
das Pfund, 0,5 kg

die Waage

die Kasse

der Sack

42

Beim alten Gaunert wurde die *Waage* warm und die *Kasse* stand nicht still.

„Fünf Pfund 75 Pfennige! Wer will noch mal? Wer hat noch nicht? Wie viel Pfund dürfen es denn sein, junge Frau?"

Die Kunden standen bis auf die Straße hinaus. Sie standen in Reihen. Sie kamen zweimal und dreimal. Zu Hause baten die Frauen ihre Männer um mehr Geld.

„Beim Gaunert gibt es noch Kartoffeln zum alten Preis! Heute letzter Tag!"

Die Männer freuten sich über ihre Frauen.

Johannes kam auch vorbei. Er sah die vielen Kartoffelsäcke.

„Kartoffeln zum alten Preis! Heute letzter Tag!"

Er stellte sich hinten an. Als er an der Reihe war, fragte er:

„Zum alten Preis?"

„Ja. Nur noch heute. Fünf Pfund 75 Pfennige."

Johannes fragte:

„Und morgen? Was werden die Kartoffeln morgen kosten?"

„Den neuen Preis."

„Wie viel ist das?"

Gaunert sagte, aber leise:

„Fünf Pfund 65 Pfennige."

43

FRAGEN

1. Was verkauft der alte Gaunert zum alten Preis?

2. Wie lange kann man zum alten Preis kaufen?

3. Wie hoch ist der alte Preis?

4. Was werden die Kartoffeln morgen kosten?

DIE DAME AUF DER BANK

Eine gute Gelegenheit muss man nutzen. Eduard nutzte sie.

„Die Sonne scheint aber schön heute."

„Sehr schön."

Die Dame auf der Bank lachte. Sie sah ⁵ freundlich auf den jungen Mann.

Der junge Mann war Feuer und *Flamme*.

„Könnten wir – "

„Bitte?"

„Könnten wir uns heute Abend sehen?"   ¹⁰

„Gern."

„Im *Restaurant* ‚Zur Linde'."

„Ich komme."

„Schön."

Der junge Mann kam etwas näher.   ¹⁵

„Ich finde Sie sehr schön!"

„Das hört man gern."

„Und finden Sie mich auch – ich meine, finden Sie mich auch nett?"

„Sehr nett!"   ²⁰

Eduard freute sich.

„Das wird ein schöner Abend heute Abend!"

die Flamme

---

das Restaurant, siehe Zeichnung auf Seite 46

das Restaurant

„Sicher!"

„Freuen Sie sich auch?"

„Sehr!"

Eduard wurde etwas unsicher, weil es so
5 leicht ging.

„Eines verstehe ich nicht – werden Sie bitte
nicht böse – aber alles geht so leicht –"

Die Dame lachte.

„Ach? Sie wollen nicht, dass es so einfach
10 geht?"

„Ja, so ist es."

„Und Sie verstehen nicht, warum ich es
Ihnen so leicht mache."

„Wenn Sie nicht böse sind – ich muss sagen
15 – ja."

Die Dame sah Eduard plötzlich ernst an.

„Ich wusste, dass ich Sie kennen lernen werde!"

Eduard fühlte sich nicht wohl.

„Sind Sie *Wahrsagerin?*"

„Ja, das auch."

„Und sonst?"

„Ich lese aus der Hand."

„O, bitte." 5

Eduard hielt seine Hand hin.

„Wissen Sie auch etwas von mir?"

„Natürlich", sagte die Dame und las in Eduards Hand.

„Sie sind 24 Jahre alt, noch nicht *verheiratet*. 10
Sie wohnen in Köln."

„Es ist wahr – es ist wirklich wahr!"

„Sie haben zwei Brüder und eine Schwester.
Ihr Vater hat viel Geld. Ich sehe noch mehr:
Sie haben ein Mädchen, das Sie heiraten 15
wollen. Ihr Mädchen ist sehr schön und noch
nicht 20 Jahre alt. Sie lernten sie vor zwei Jahren mit ihrem Vater in Wien kennen. Die
Mutter haben Sie noch nicht gesehen."

„Ich verstehe nicht! Wie können Sie denn 20
das wissen?"

„Ihr Mädchen wohnt mit dem Vater in
München."

„Ja, ja. Und die Mutter?"

„Die Mutter ist nicht in München." 25

---

die Wahrsagerin, eine Frau, die das voraussagen kann, was geschehen
wird
verheiratet sein, einen Mann oder eine Frau haben

Eduard war froh.

„Falsch!", rief er, „endlich ein Fehler. Alles wissen Sie doch nicht. Die Mutter meines Mädchens ist auch in München!"

5   „Die Mutter ist nicht in München."

„Wo denn?"

Die Dame lachte:

„Hier. Ich bin die Mutter."

FRAGEN

1. Wo trifft der junge Mann die Dame?

2. Was weiß die Dame über den jungen Mann?

3. Wo wohnt das Mädchen des jungen Mannes?

4. Warum weiß sie so viel über den jungen Mann?

Weitere Übungen und Anregungen
unter www.easyreaders.eu